Impressum
Verlag: BABADADA GmbH, Nedderfeld 112 , 22529 Hamburg
Geschäftsführer / Verlagsleitung: Harald Hof
Druck: Books on Demand GmbH, In de Tarpen 42, 22848 Norderstedt

Imprint
Publisher: BABADADA GmbH, Nedderfeld 112 , 22529 Hamburg, Germany
Managing Director / Publishing direction: Harald Hof
Print: Books on Demand GmbH, In de Tarpen 42, 22848 Norderstedt

l'école

la escuela

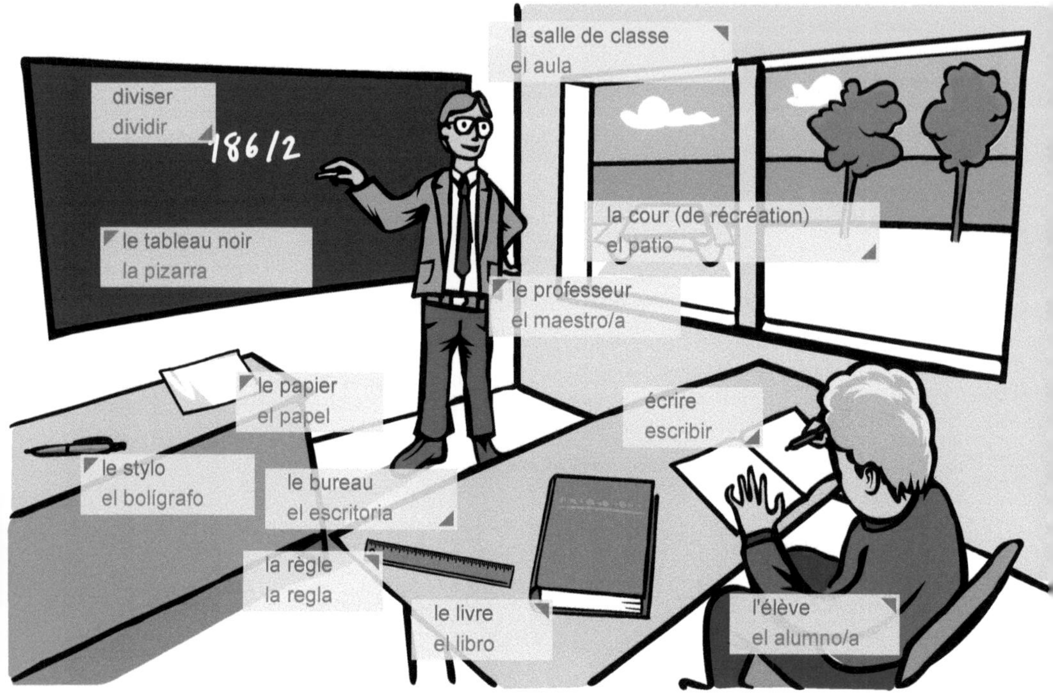
la salle de classe
el aula
diviser
dividir
186/2
le tableau noir
la pizarra
la cour (de récréation)
el patio
le professeur
el maestro/a
le papier
el papel
écrire
escribir
le stylo
el bolígrafo
le bureau
el escritoria
la règle
la regla
le livre
el libro
l'élève
el alumno/a

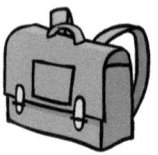

le cartable

la cartera

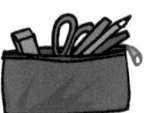

la trousse

la caja de lápices

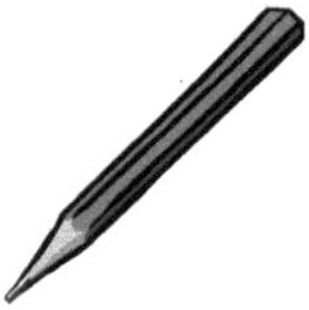

le crayon

el lápiz

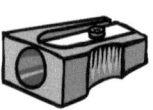

le taille-crayon

el sacapuntas

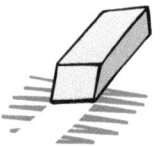

la gomme

la goma de borrar

le carnet à dessin

el cuaderno de dibujo

le dessin

el dibujo

le pinceau

el pincel

la boîte de peinture

la caja de pinturas

les ciseaux

las tijeras

la colle

el pegamento

le cahier d'exercices

el cuaderno de ejercicios

les devoirs

los deberes

le chiffre

el número

additionner

sumar

soustraire

restar

multiplier

multiplicar

calculer

calcular

la lettre

la letra

l'alphabet

el alfabeto

le mot

la palabra

le texte

el texto

lire

leer

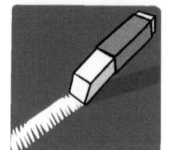

la craie

la tiza

la leçon

la lección

le livre de classe

el cuaderno de notas

l'examen

el examen

le certificat

el certificado

l'uniforme scolaire

el uniforme

la formation

la educación

le lexique

la enciclopedia

l'université

la universidad

le microscope

el microscopio

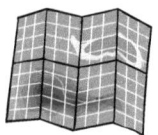

la carte

el mapa

la corbeille à papier

la papelera

le voyage
el viaje

l'hôtel
el hotel
Grand
l'auberge
el albergue
ROOMS
e bureau de change
a oficina de cambio de divisas
CHANGE
la valise
la maleta
la voiture
el coche

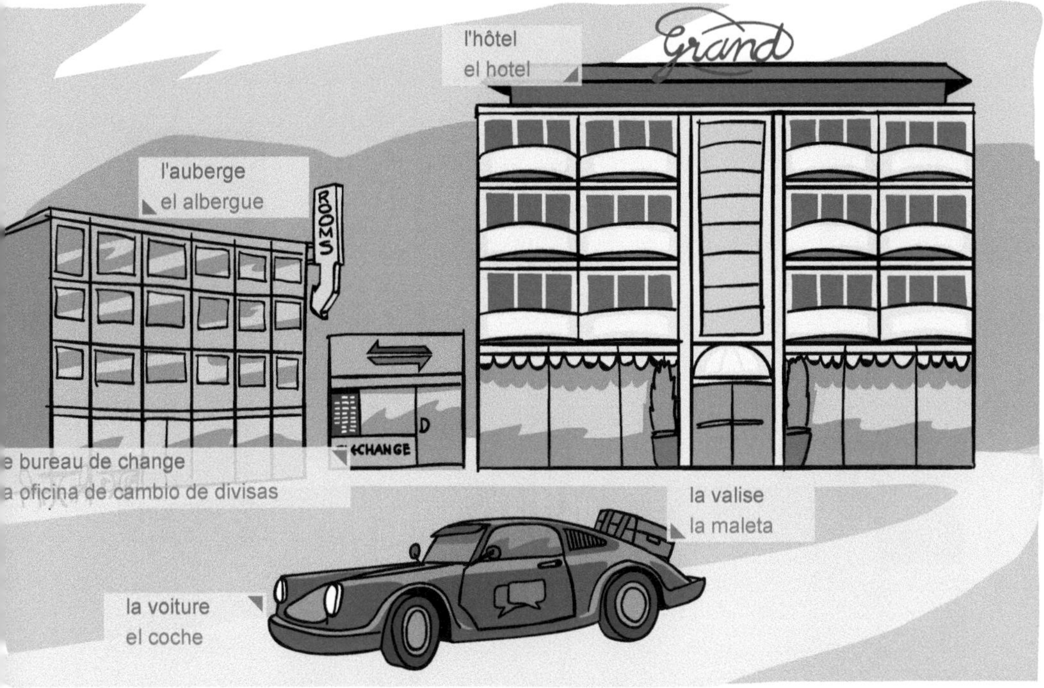

la langue
el idioma

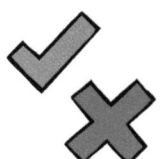

oui / non
sí / no

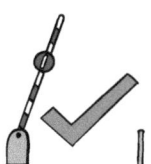

d'accord
Vale

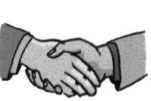

Salut
hola

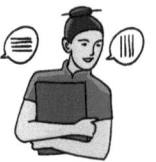

l'interprète
el traductor

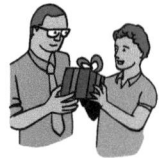

merci
Gracias

Combien coûte...?

¿cuánto es...?

Je ne comprends pas

No entiendo

le problème

el problema

Bonsoir !

¡Buenas tardes!

Bonjour !

¡Buenos días!

Bonne nuit !

¡Buenas noches!

Au revoir

adiós

la direction

la dirección

les bagages

el equipaje

le sac

la bolsa

le sac-à-dos

la mochila

l'hôte

el invitado

la pièce

la habitación

le sac de couchage

el saco de dormir

la tente

la tienda de campaña

l'office de tourisme
································
la información turística

la plage
················
la playa

la carte de crédit
····················
la tarjeta de crédito

le petit-déjeuner
·····················
el desayuno

le déjeuner
···············
el almuerzo

le dîner
················
la cena

le billet
···············
el billete

l'ascenseur
················
el ascensor

le timbre
···············
el sello

la frontière
···············
la frontera

la douane
···············
la aduana

l'ambassade
················
la embajada

le visa
···············
la visa

le passeport
················
el pasaporte

le transport
el transporte

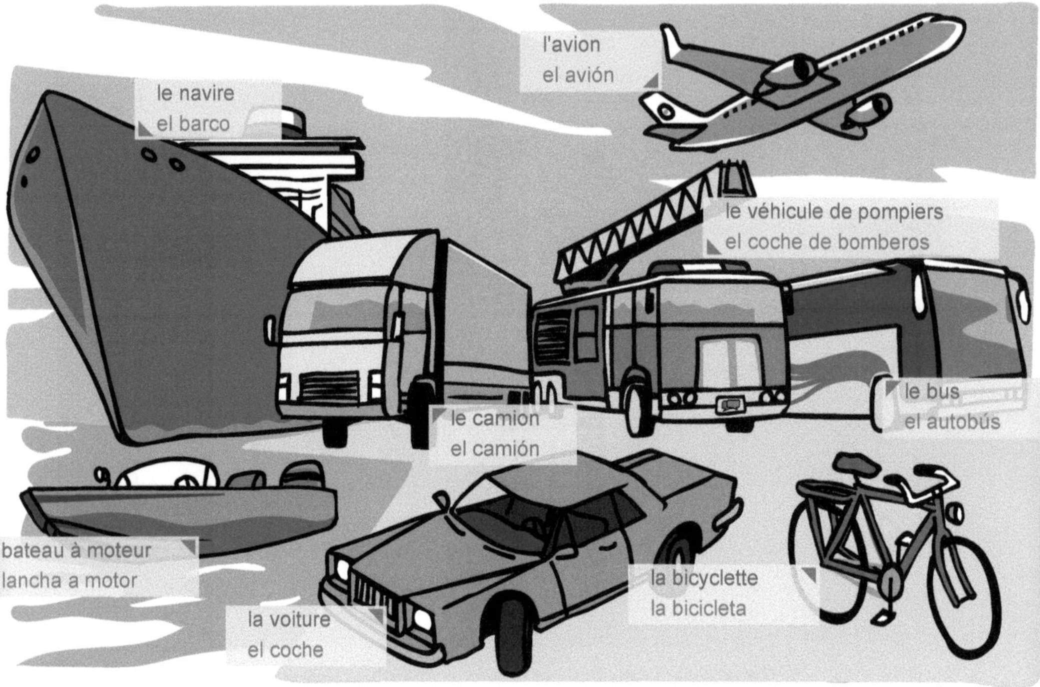
l'avion
el avión
le navire
el barco
le véhicule de pompiers
el coche de bomberos
le bus
el autobús
le camion
el camión
bateau à moteur
lancha a motor
la bicyclette
la bicicleta
la voiture
el coche

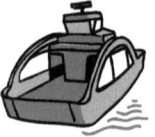

le ferry

el transbordador

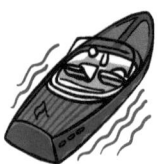

la barque

la barca

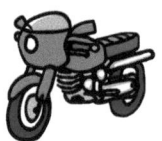

la moto

la moto

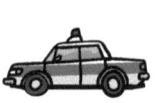

la voiture de police

el coche de policía

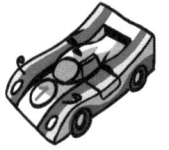

la voiture de course

el coche de carreras

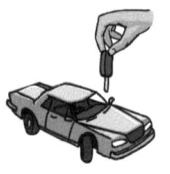

la voiture de location

el coche de alquiler

l'auto-partage

el préstamo de vehículos

la voiture de remorquage

la grúa

la benne à ordures

el camión de la basura

le moteur

el motor

l'essence

la gasolina

la station d'essence

la gasolinera

le panneau indicateur

la señal de tráfico

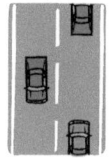

le trafic

el tráfico

l'embouteillage

el atasco

le parking

el aparcamiento

la gare

la estación de tren

les rails

las vías

le train

el tren

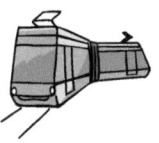

le tramway

el tranvía

le wagon

el vagón

l'hélicoptère
el helicóptero

l'aéroport
el aeropuerto

la tour
la torre

le passager
el pasajero

le conteneur
el contenedor

le carton
la caja de cartón

le chariot
la carretilla

la corbeille
la cesta

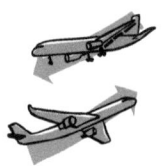

décoller / atterrir
despegar / aterrizar

la ville
la ciudad

le village
el pueblo

le centre-ville
el centro de la ciudad

la maison
la casa

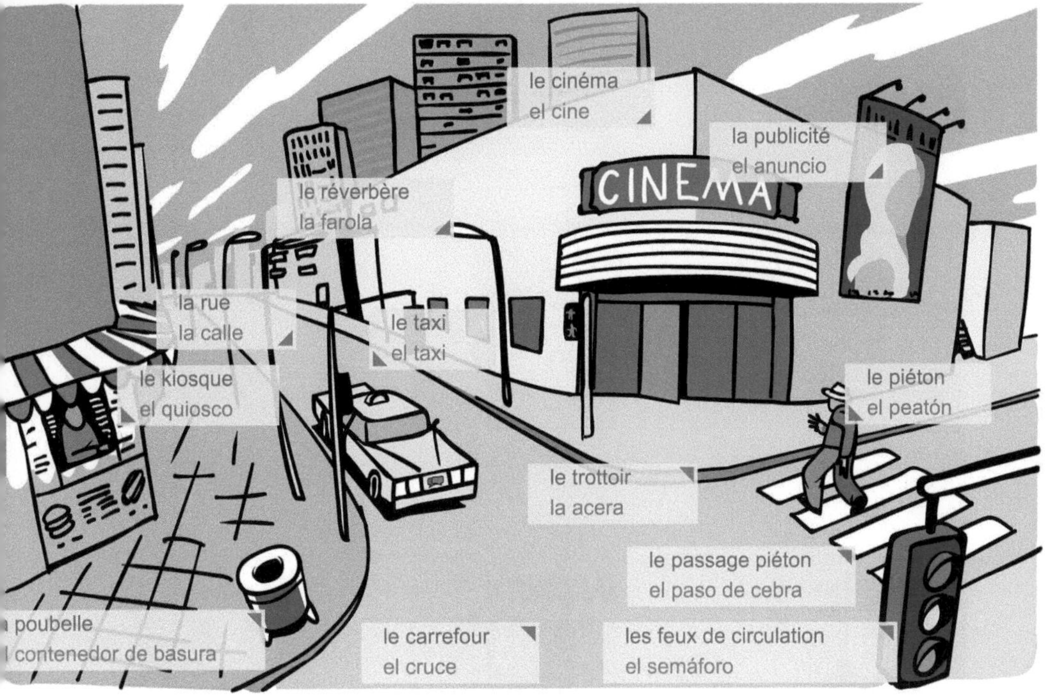

le cinéma
el cine

la publicité
el anuncio

le réverbère
la farola

la rue
la calle

le taxi
el taxi

le kiosque
el quiosco

le piéton
el peatón

CINEMA

le trottoir
la acera

le passage piéton
el paso de cebra

poubelle
contenedor de basura

le carrefour
el cruce

les feux de circulation
el semáforo

la cabane
la cabaña

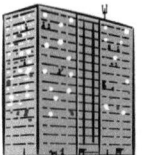

l'appartement
el apartamento

la gare
la estación de tren

la mairie
el ayuntamiento

le musée
el museo

l'école
la escuela

l'université

la universidad

la banque

el banco

l'hôpital

el hospital

l'hôtel

el hotel

la pharmacie

la farmacia

le bureau

la oficina

la librairie

la librería

le magasin

la tienda de campaña

le fleuriste

la floristería

le supermarché

el supermercado

le marché

el mercado

le grand magasin

los grandes almacenes

la poissonnerie

la pescadería

le centre commercial

el centro comercial

le port

el puerto

le parc

el parque

la banque

el banco

le pont

el puente

les escaliers

las escaleras

le métro

el metro

le tunnel

el túnel

l'arrêt de bus

la parada de autobús

le bar

el bar

le restaurant

el restaurante

la boîte à lettres

el buzón

le panneau indicateur

el poste indicador

le parcmètre

el parquímetro

le zoo

el zoo

le réverbère

la piscina

la mosquée

la mezquita

la ferme
la granja

la pollution
la contaminación

la cimetière
el cementerio

l'église
la iglesia

l'aire de jeux
el patio de juego

le temple
el templo

le paysage
el paisaje

la feuille
la hoja

le panneau indicateur
la señal

le chemin
el camino

le pré
el prado

la pierre
la piedra

le randonneur
el excursionista

l'arbre
el árbol

la rivière
el río

l'herbe
la hierba

la fleur
la flor

la vallée
el valle

la montagne
la colina

le lac
el lago

la forêt
el bosque

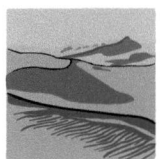

le désert
el desierto

le volcan
el volcán

le château
el castillo

l'arc-en-ciel
el arcoíris

le champignon
el champiñón

le palmier
la palmera

le moustique
el mosquito

la mouche
la mosca

les fourmis
la hormiga

l'abeille
la abeja

l'araignée
la araña

le coléoptère

el escarabajo

la grenouille

la rana

l'écureuil

la ardilla

le hérisson

el erizo

le lièvre

la liebre

la chouette

la lechuza

l'oiseau

el pájaro

le cygne

el cisne

le sanglier

el jabalí

le cerf

el ciervo

l'élan

el alce

le barrage

la presa

l'éolienne

la turbina eólica

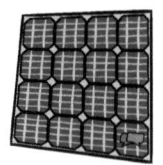

le panneau solaire

el panel solar

le climat

el clima

le serveur
el camarero

le menu
el menú

la chaise
la silla

la soupe
la sopa

la pizza
la pizza

les couverts
la cubertería

la nappe
el mantel

les hors d'œuvre
....
el primer plato

le plat principal
....
el plato principal

le dessert
....
el postre

les boissons
....
las bebidas

l'alimentation
....
la comida

la bouteille
....
la botella

le fast-food

la comida rápida

les plats à emporter

la comida callejera

la théière

la tetera

le sucrier

el azucarero

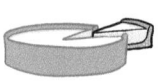

la portion

la porción

la machine à expresso

la cafetera expreso

la chaise haute

la trona

la facture

la cuenta

le plateau

la bandeja

le couteau

el cuchillo

la fourchette

el tenedor

la cuillère

la cuchara

la cuillère à thé

la cucharilla

la serviette

la servilleta

le verre

el vaso

l'assiette
el plato

l'assiette à soupe
el plato hondo

la soucoupe
el platillo

la sauce
la salsa

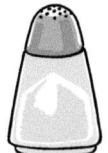

la salière
el salero

le moulin à poivre
el molinillo de pimienta

le vinaigre
el vinagre

l'huile
el aceite

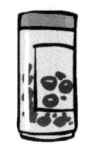

les épices
las especias

le ketchup
el ketchup

la moutarde
la mostaza

la mayonnaise
la mayonesa

le supermarché
el supermercado

l'offre promotionnelle
la oferta especial
FOR
le client
el cliente
les produits laitiers
los lácteos
les fruits
la fruta
le chariot
el carro de compra

BUTCHERS

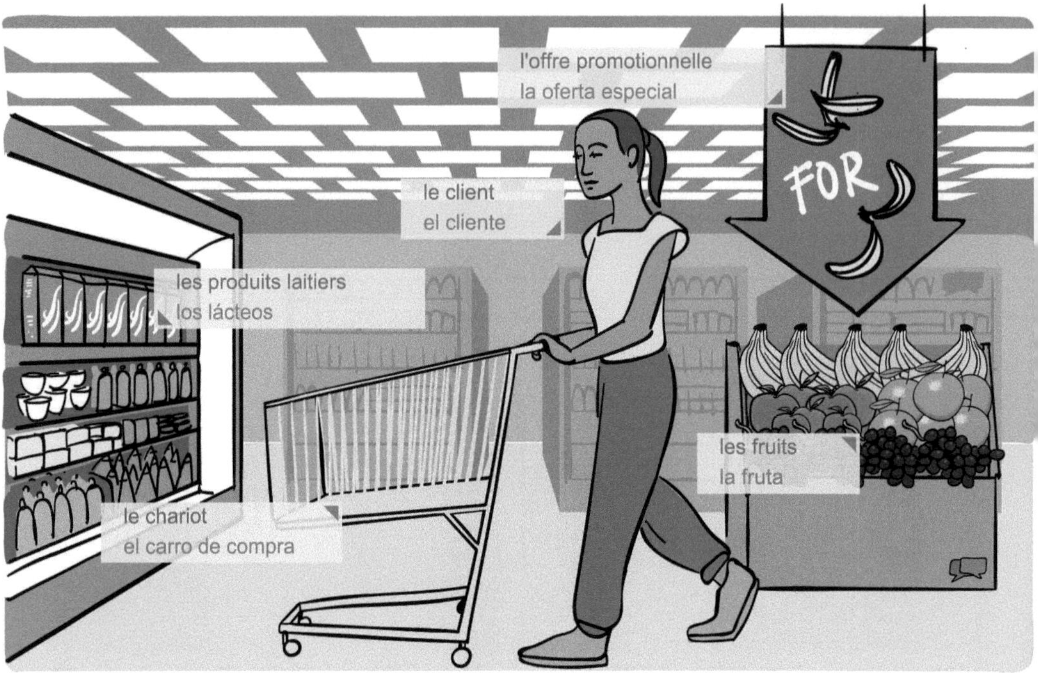

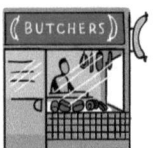

la boucherie

la carniceria

BAKERY

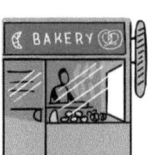

la boulangerie

la panadería

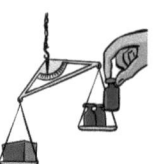

peser

pesar

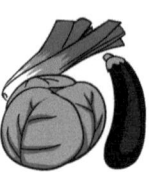

les légumes

las verduras

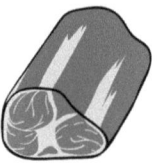

la viande

la carne

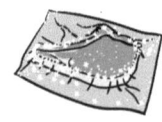

les aliments surgelés

los alimentos congelados

la charcuterie
los fiambres

les conserves
las conservas

la poudre à lessive
el detergente en polvo

les bonbons
los dulces

les articles ménagers
productos de uso doméstico

les détergents
productos de limpieza

la vendeuse
la vendedora

la caisse
la caja de cartón

le caissier
el cajero

la liste d'achats
la lista de la compra

les heures d'ouverture
el horario de atención al
público

le portefeuille
la cartera

la carte de crédit
la tarjeta de crédito

le sac
la bolsa de plástico

le sac en plastique
la bolsa de plástico

l'eau
el agua

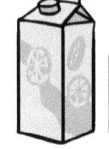

le jus de fruit
el zumo

le lait
la leche

le coca
la cola

le vin
el vino

la bière
la cerveza

l'alcool
el alcohol

le chocolat chaud
el cacao

le thé
el té

le café
el café

l'expresso
el expreso

le cappuccino
el capuchino

la banane
el plátano

la pomme
la manzana

l'orange
la naranja

le melon
el melón

le citron.
el limón

la carotte
la zanahoria

l'ail
el ajo

le bambou
el bambú

l'oignon
la cebolla

le champignon
el champiñón

les noisettes
las avellanas

les pâtes
los fideos

les spaghetti

las espagueti

le riz

el arroz

la salade

la ensalada

les pommes frites

las patatas fritas

les pommes de terre rôties

las patatas fritas

la pizza

la pizza

le hamburger

la hamburguesa

le sandwich

el sándwich

l'escalope

el filete

le jambon

el jamón

le salami

le salami

la saucisse

la salchicha

le poulet

el pollo

le rôti

el asado

le poisson

el pescado

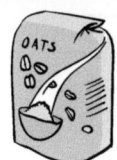

les flocons d'avoine

los copos de avena

le muesli

el muesli

les cornflakes

los copos de maíz

la farine

la harina

le croissant

el cruasán

les petits-pains

el panecillo

le pain

el pan

le pain grillé

la tostada

les biscuits

las galletas

le beurre

la mantequilla

le fromage blanc

la cuajada

le gâteau

el pastel

l'œuf

el huevo

l'œuf au plat

el huevo frito

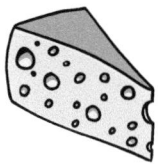

le fromage

el queso

la glace

el helado

le sucre

el azúcar

le miel

la miel

la confiture

la mermelada

la crème nougat

la crema de turrón

le curry

el curry

la ferme
la granja

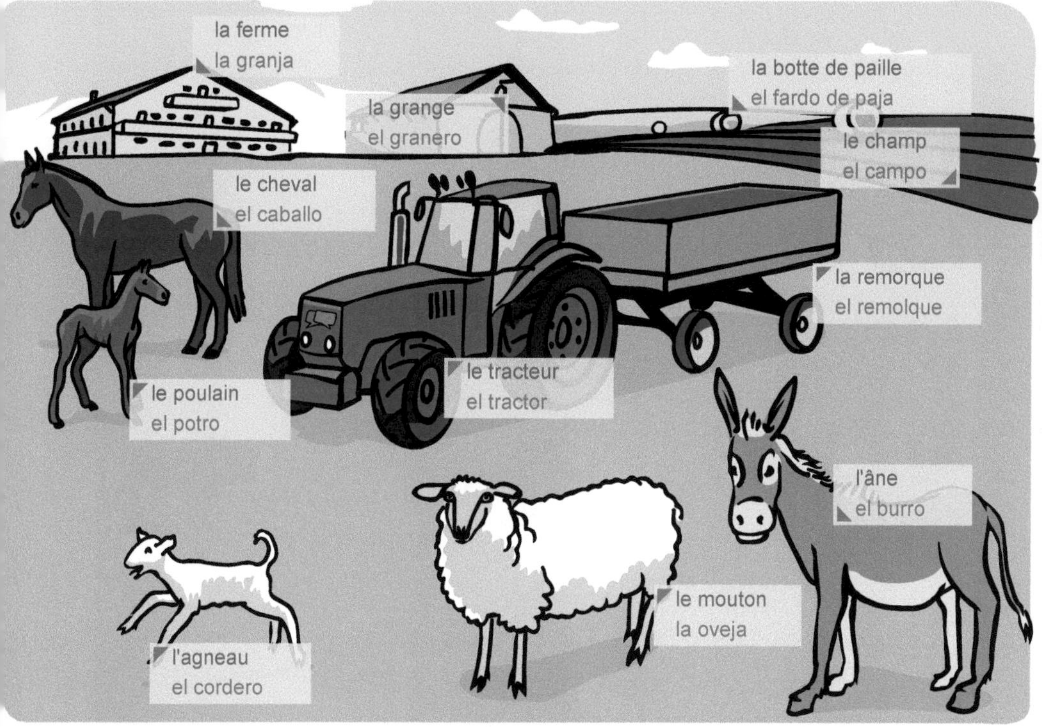

la ferme
la granja
la grange
el granero
la botte de paille
el fardo de paja
le champ
el campo
le cheval
el caballo
la remorque
el remolque
le tracteur
el tractor
le poulain
el potro
l'âne
el burro
le mouton
la oveja
l'agneau
el cordero

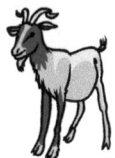

la chèvre
la cabra

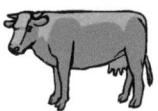

la vache
la vaca

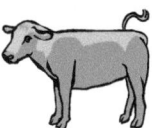

le veau
el ternero

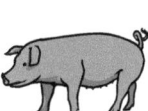

le porc
el cerdo

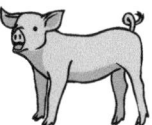

le porcelet
el cerdito

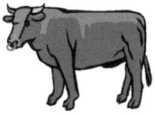

le taureau
el toro

l'oie
el ganso

le canard
el pato

le poussin
el pollo

la poule
la gallina

le coq
el gallo

le rat
la rata

le chat
el gato

la souris
el ratón

le bœuf
el buey

le chien
el perro

le chenil
la perrera

le tuyau de jardin
la manguera

l'arrosoir
la regadera

la faucheuse
la guadaña

la charrue
el arado

la faucille
la hoz

la pioche
la azada

la fourche
la horca

la hache
el hacha

la brouette
la carretilla

la cuve
el abrevadero

le pot à lait
la lechera

le sac
el saco

la clôture
la valla

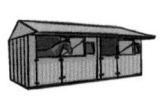

l'étable
el establo

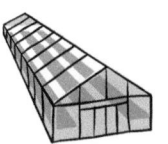

le serre
el invernadero

le sol
el suelo

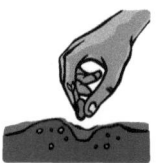

les semences
la semilla

l'engrais
el fertilizador

la moissonneuse-batteuse
la cosechadora

récolter
cosechar

la récolte
la cosecha

l'igname
el ñame

le blé
el trigo

le soja
el soja

la pomme de terre
la patata

le maïs
el maíz

le colza
la semilla de colza

l'arbre fruitier
el árbol frutal

le manioc
la mandioca

les céréales
las cereales

la maison
la casa

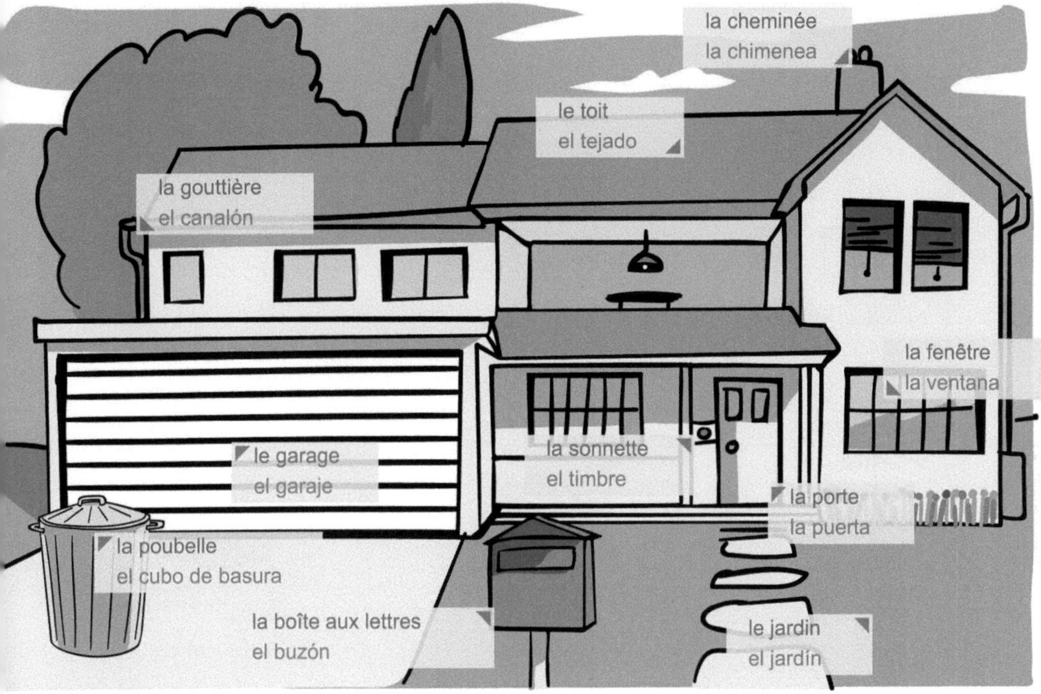
la cheminée
la chimenea
le toit
el tejado
la gouttière
el canalón
la fenêtre
la ventana
le garage
el garaje
la sonnette
el timbre
la porte
la puerta
la poubelle
el cubo de basura
la boîte aux lettres
el buzón
le jardin
el jardín

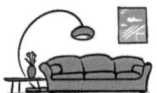

le salon

la sala

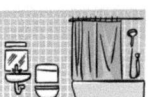

la salle de bain

el cuarto de baño

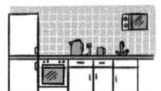

la cuisine

la cocina

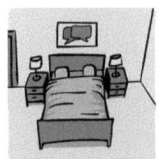

la chambre à coucher

el dormitorio

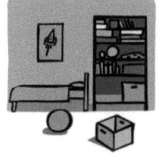

la chambre d'enfant

la habitación de los niños

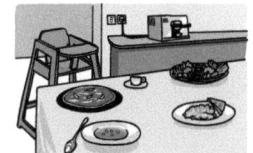

la salle à manger

el comedor

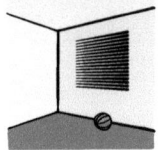

le sol
el suelo

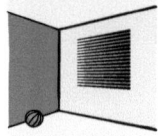

le mur
la pared

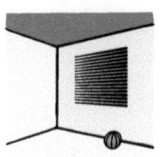

le plafond
el techo

la cave
el sótano

le sauna
la sauna

le balcon
el balcón

la terrasse
la terraza

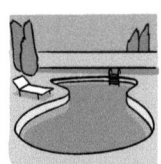

la piscine
la piscina

la tondeuse à gazon
el cortacésped

la housse
la sábana

la couette
la colcha

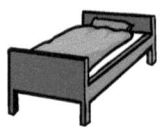

le lit
la cama

le balai
la escoba

le sceau
el balde

l'interrupteur
el interruptor

le salon
la sala

le papier peint
el papel pintado
l'image
la imagen
la lampe
la lámpara
l'étagère
el estante
l'armoire
el armario
la télé
la televisión
la cheminée
la chimenea
la fleur
la flor
le coussin
el cojín
le sofa
el sofá
le vase
el jarrón
la télécommande
el mando a distancia

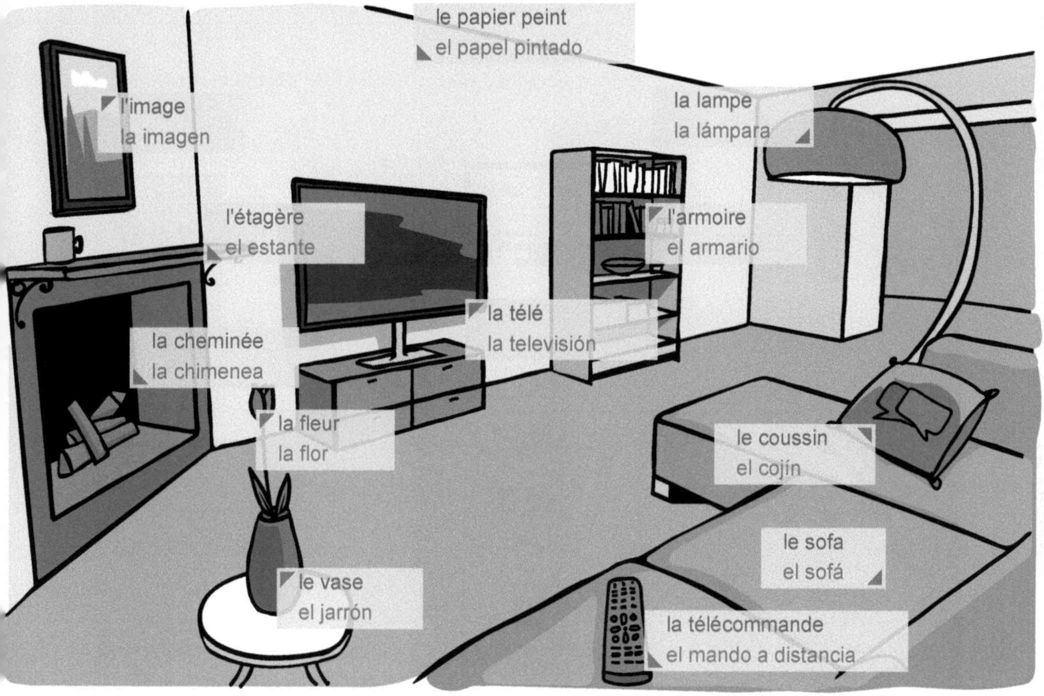

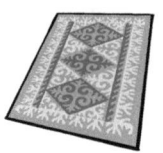

le tapis

la alfombra

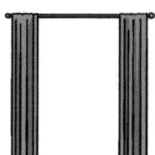

le rideau

la cortina

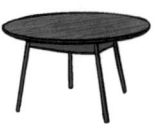

la table

la mesa

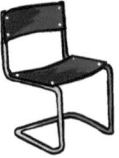

la chaise

la silla

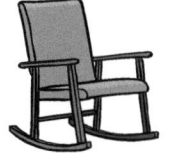

la chaise à bascule

el mecedora

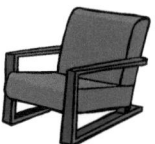

le fauteuil

la butaca

le livre
el libro

la couverture
la manta

la décoration
la decoración

le bois de chauffage
la leña

le film
la película

la chaîne hi-fi
el equipo de música

la clé
la llave

le journal
el periódico

la peinture
la pintura

le poster
el póster

la radio
la radio

le bloc-notes
el cuaderno

l'aspirateur
la aspiradora

le cactus
el cactus

la bougie
la vela

le réfrigérateur
el refrigerador

le four à micro-ondes
el microondas

la balance de cuisine
la balnza de cocina

le grille-pain
la tostadora

le détergent
el detergente

le four
el horno

le compartiment congélateur
el congelador

la poubelle
el cubo de basura

le lave-vaisselle
el lavavajillas

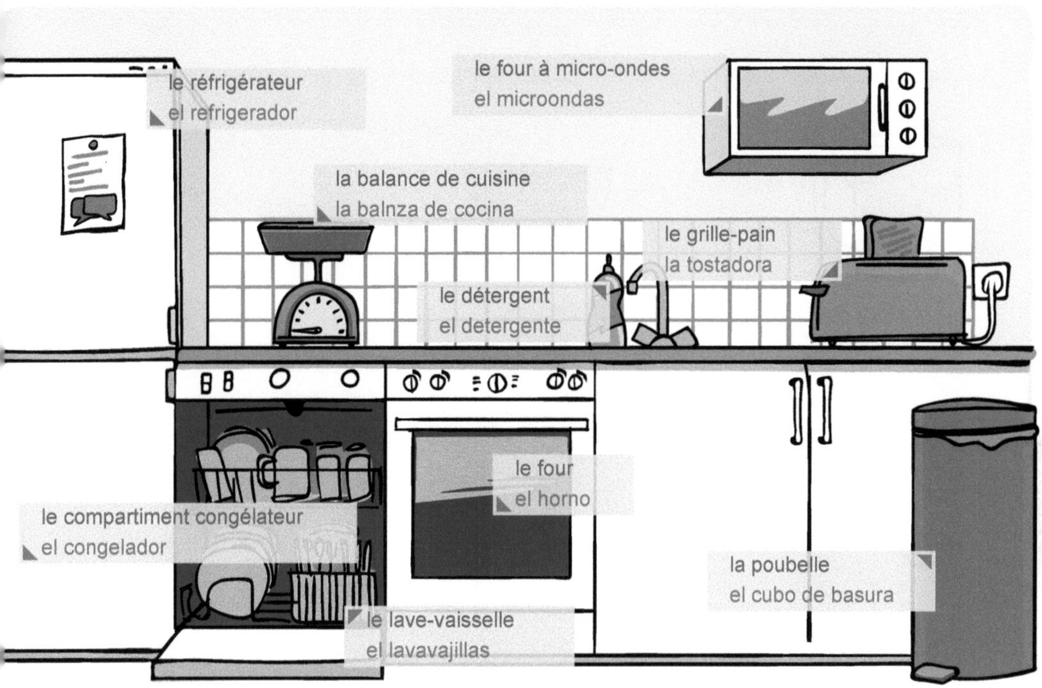

le four
la olla a presión

la casserole
la olla

la marmite
la olla de hierro fundido

le wok / kadai
el wok

la poêle
la cazuela

la bouilloire electrique
el hervidor

la cuisine - la cocina

le cuiseur vapeur
la vaporera

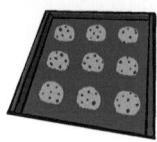

la plaque de cuisson
la chapa de horno

la vaisselle
la vajilla

le gobelet
la taza

la coupe
el tazón

les baguettes
los palillos

la louche
el cucharón

la spatule
la espumadera

le fouet
el batidor

la passoire
el colador

le tamis
el cedazo

la râpe
el rallador

le mortier
el mortero

le barbecue
la barbacoa

la cheminée
la hoguera

la planche à découper

la tabla de picar

le rouleau à pâtisserie

el rodillo

le tire-bouchon

el sacacorchos

la boîte

la lata

l'ouvre-boîte

el abrelatas

les maniques

el agarrador

le lavabo

el lavabo

la brosse

el cepillo

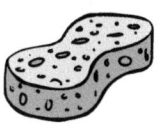

l'éponge

la esponja

le mixeur

la batidora

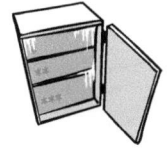

le congélateur

el congelador

le biberon

el biberón

le robinet

el grifo

la salle de bain
el cuarto de baño

le chauffage
la calefacción

la douche
la ducha

la serviette
la toalla

le rideau de douche
la cortina de la ducha

le bain moussant
el baño de espuma

la baignoire
la bañera

le verre
el vaso

la machine à laver
la lavadora

le robinet
el grifo

le carrelage
las baldosas

le pot
el orinal

le lavabo
el lavabo

les toilettes

el inodoro

la toilette à la turque

el inodoro rústico

le bidet

el bidé

l'urinoir

el urinario

le papier toilette

el papel higiénico

la brosse à toilette

la escobilla del váter

la brosse à dents

el cepillo de dientes

le dentifrice

la pasta de dientes

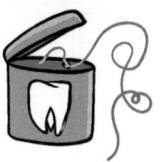

le fil dentaire

el hilo dental

laver

lavar

la douche manuelle

la ducha de mano

la douche intime

la ducha íntima

la vasque

la pila

la brosse dorsale

el cepillo de espalda

le savon

el jabón

le gel douche

el gel de ducha

le shampooing

el champú

le gant de toilette

la toallita

l'écoulement

el desagüe

la crème

la crema

le déodorant

el desodorante

le miroir

el espejo

le miroir cosmétique

el espejo de tocador

le rasoir

la maquinilla de afeitar

la mousse à raser

la espuma de afeitar

l'après-rasage

la loción postafeitado

la peigne

el peine

la brosse

el cepillo

le sèche-cheveux

el secador

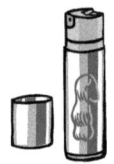

la laque pour cheveux

la laca

le fond de teint

el maquillaje

le rouge à lèvres

el pintalabios

le vernis à ongles

el pintauñas

l'ouate

el algodón

le coupe-ongles

el cortauñas

le parfum

el perfume

la trousse de toilette

el estuche de viaje

le tabouret

la banqueta

le pèse-personne

la balanza

le peignoir

el albornoz

les gants de nettoyage

los guantes de goma

le tampon

el tampón

les serviettes hygiéniques

la compresa

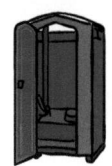

la toilette chimique

el inodoro químico

la chambre d'enfant
la habitación de los niños

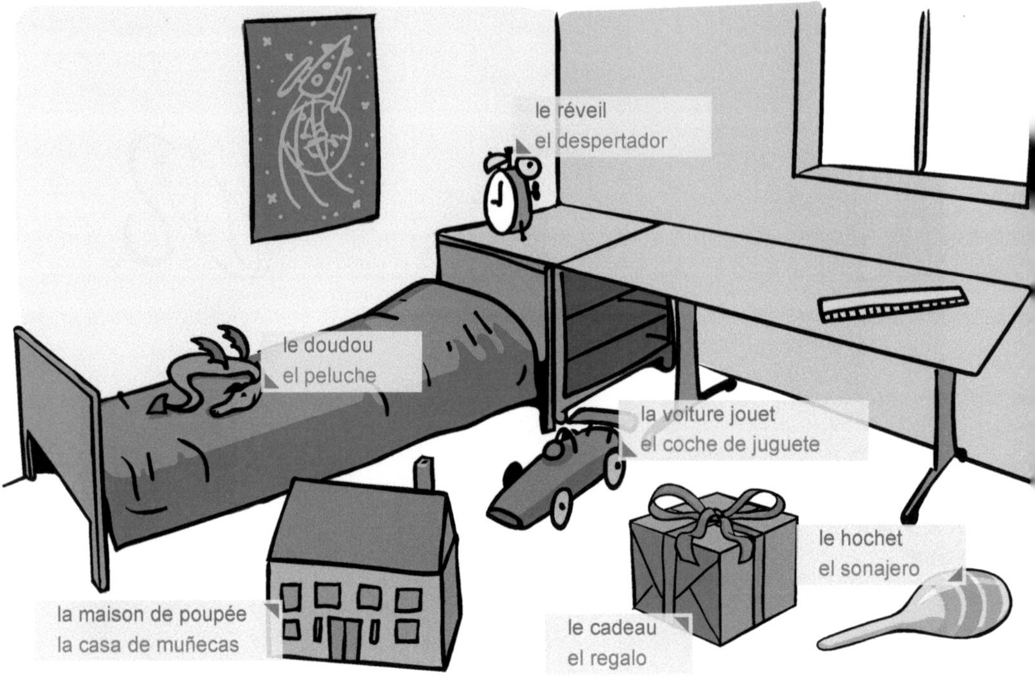

le réveil
el despertador
le doudou
el peluche
la voiture jouet
el coche de juguete
le hochet
el sonajero
la maison de poupée
la casa de muñecas
le cadeau
el regalo

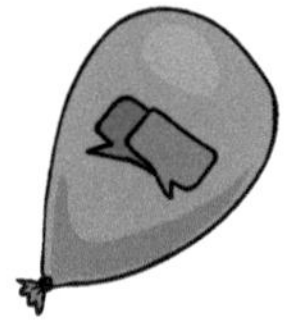

le ballon

el globo

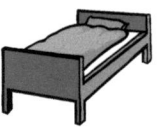

le lit

la cama

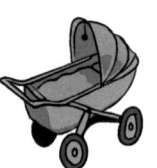

la poussette

el coche de niño

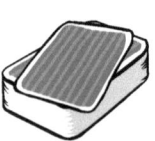

le jeu de cartes

los naipes

le puzzle

el puzle

SUPER MEGA

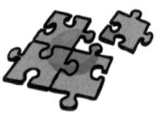

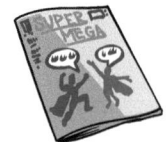

la bande dessinée

el tebeo

les pièces lego

las piezas de lego

les blocs de construction

los bloques de juguete

la figurine

la figura de acción

la grenouillère

el bodi (de bebé)

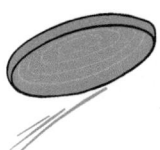

le frisbee

el frisbee

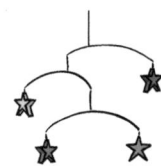

le mobile

el colgador móvil para
bebés

le jeu de société

el juego de mesa

le dé

los dados

le train miniature

el circuito de tren eléctrico

la sucette

el maniquí

la fête

la fiesta

le livre d'images

el álbum de fotos

la balle

la pelota

la poupée

la muñeca

jouer

jugar

le bac à sable

el cajón de arena

la balançoire

el columpio

les jouets

los juguetes

la console de jeu

la videoconsola

le tricycle

el triciclo

l'ours en peluche

el oso de peluche

l'armoire

la guardarropa

les vêtements
la ropa

les chaussettes

los calcetines

les bas

las medias

le collant

los leotardos

l'écharpe
la bufanda

la ceinture
el cinturón

le parapluie
el paraguas

le t-shirt
la camiseta

les baskets
las deportivas

les bottes
las botas

les pantoufles
las zapatillas

les sandales

las sandalias

les chaussures

los zapatos

les bottes de caoutchouc

las botas de goma

les sous-vêtements

el slip

le soutien-gorge

el sostén

le maillot de corps

el chaleco

le body
el bodi

le pantalon
los pantalones cortos

le jean
los vaqueros

la jupe
la falda

le chemisier
la blusa

la chemise
la camisa

le pull
el jersey

le sweat à capuche
el suéter

la veste
el blazer

la veste
la chaqueta

le manteau
el abrigo

l'imperméable
la gabardina

le costume
el traje

la robe
el vestido

la robe de mariée
el vestido de novia

le costume
el traje

la chemise de nuit
el camisón

le pyjama
el pijama

le sari
el sati

le foulard
el bandana

le turban
el turbante

la burqa
la burka

le caftan
el caftán

l'abaya
la abaya

le maillot de bain
el traje de baño

le maillot de bain
el bañador

le short
los pantalones cortos

la tenue d'entraînement
el chándal

le tablier
el delantal

les gants
los guantes

le bouton

el botón

les lunettes

las gafas

le bracelet

el brazalete

le collier

el collar

la bague

el anillo

la boucle d'oreille

el pendiente

le bonnet

la gorra

le cintre

la percha

le chapeau

el sombrero

la cravate

la corbata

la fermeture éclair

la cremallera

le casque

el casco

les bretelles

los tirantes

l'uniforme scolaire

el uniforme

l'uniforme

el uniforme

le bavoir

el babero

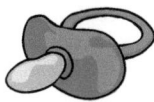

la sucette

el maniquí

la lange

el pañal

le bureau
la oficina

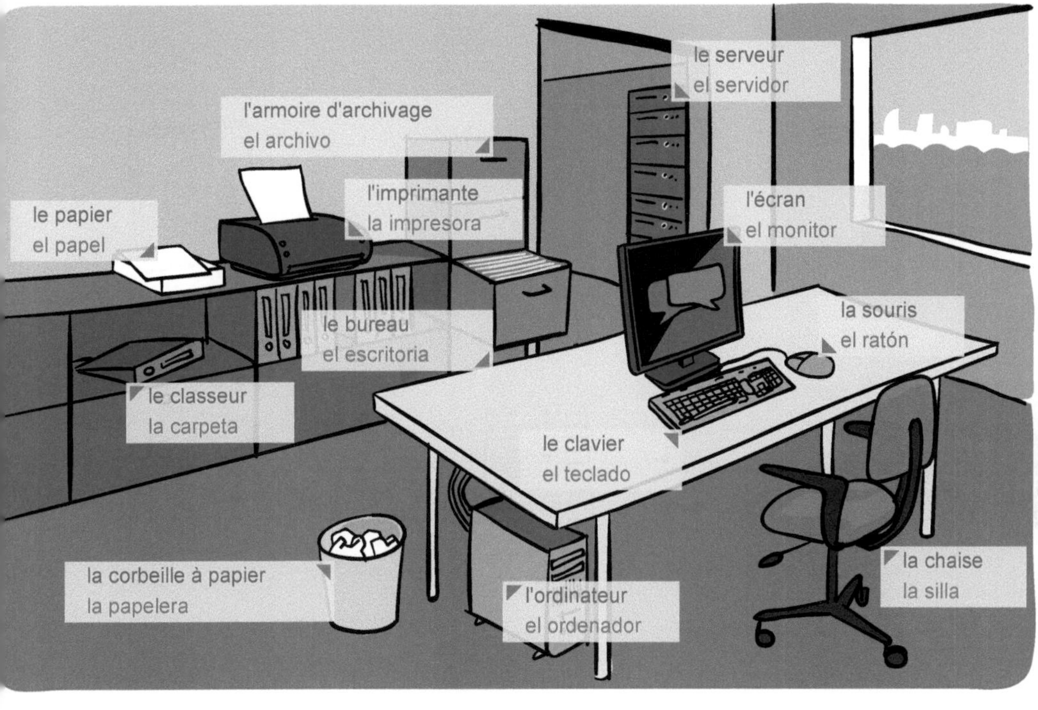

le serveur
el servidor

l'armoire d'archivage
el archivo

l'imprimante
la impresora

le papier
el papel

l'écran
el monitor

le bureau
el escritoria

la souris
el ratón

le classeur
la carpeta

le clavier
el teclado

la corbeille à papier
la papelera

la chaise
la silla

l'ordinateur
el ordenador

la tasse de café

la taza de café

la calculatrice

la calculadora

l'internet

el internet

l'ordinateur portable
el portátil

la lettre
la carta

le message
el mensaje

le portable
el móvil

le réseau
la red

la photocopieuse
la fotocopiadora

le logiciel
el software

le téléphone
el teléfono

la prise
la toma de corriente

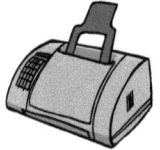

le fax
el fax

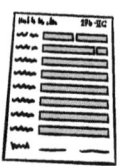

le formulaire
el formulario

le document
el documento

acheter

comprar

payer

pagar

faire du commerce

comerciar

la monnaie

el dinero

le dollar

el dólar

l'euro

el euro

le yen

el yen

le rouble

el rublo

le franc suisse

el franco suizo

le renminbi yuan

el renminbi yuan

la roupie

la rupia

le distributeur automatique

el cajero automático

le bureau de change

la oficina de cambio de divisas

l'or

el oro

l'argent

la plata

le pétrole

el petróleo

l'énergie

la energía

le prix

el precio

le contrat

el contrato

la taxe

el impuesto

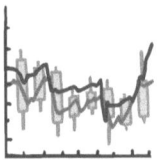

l'action

la acción

travailler

trabajar

l'employé

el empleador

l'employeur

el empleador

l'usine

la fábrica

le magasin

la tienda de campaña

les professions
los oficios

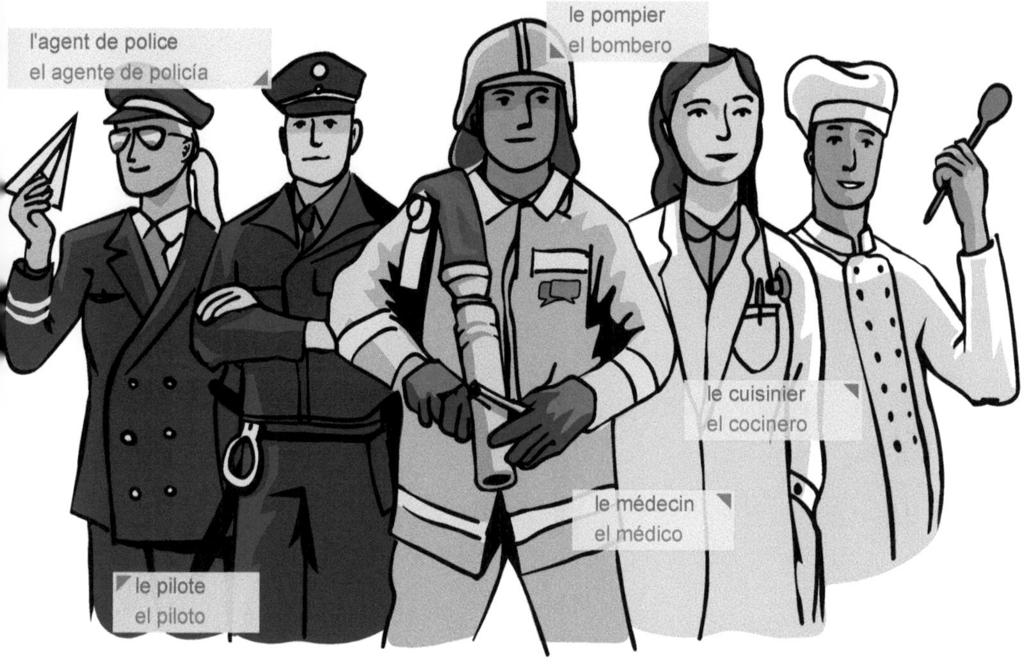
l'agent de police
el agente de policía
le pompier
el bombero
le cuisinier
el cocinero
le médecin
el médico
le pilote
el piloto

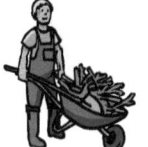

le jardinier

el jardinero

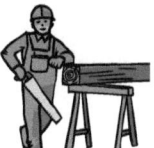

le menuisier

el carpintero

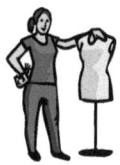

la couturière

la costurera

le juge

el juez

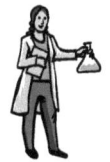

le chimiste

el farmacéutico

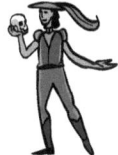

l'acteur

el actor

le conducteur de bus

el conductor de autobús

le chauffeur de taxi

el taxista

le pêcheur

el pescador

la femme de ménage

la señora de la limpieza

le couvreur

el techador

le serveur

el camarero

le chasseur

el cazador

le peintre

el pintor

le boulanger

el panadero

l'électricien

el electricista

l'ouvrier

el obrero

l'ingénieur

el ingeniero

le boucher

el carnicero

le plombier

el fontanero

le facteur

el cartero

le soldat

el soldado

l'architecte

el arquitecto

le caissier

el cajero

le fleuriste

el florista

le coiffeur

el peluquero

le contrôleur

el revisor

le mécanicien

el mecánico

le capitaine

el capitán

le dentiste

el dentista

le scientifique

el científico

le rabbin

el rabino

l'imam

el imán

le moine

el monje

le prêtre

el sacerdote

les outils
las herramientas

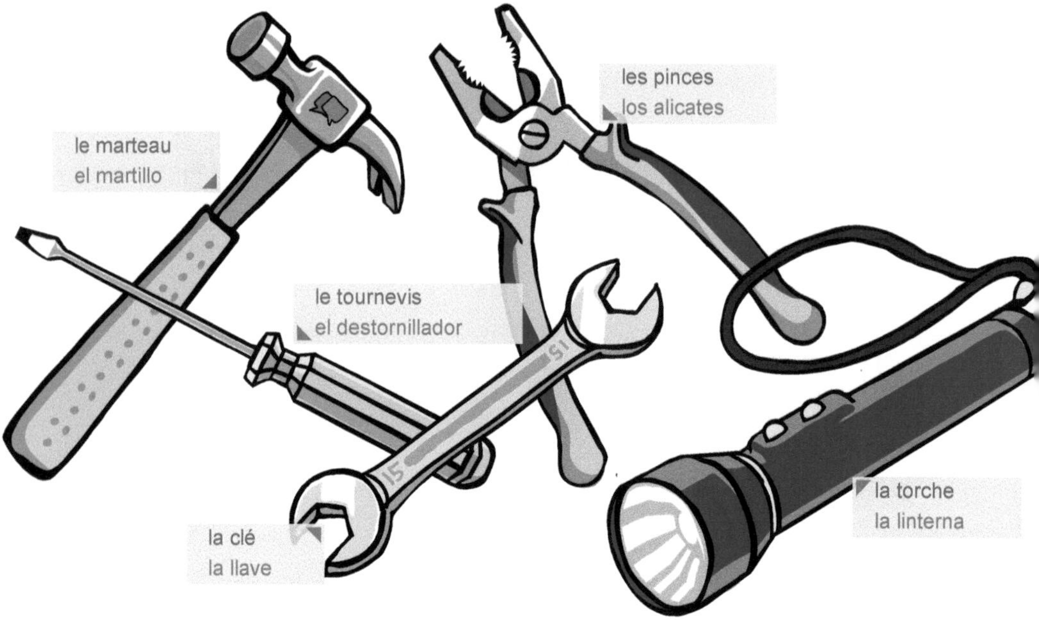

les pinces
los alicates
le marteau
el martillo
le tournevis
el destornillador
la torche
la linterna
la clé
la llave

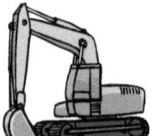

la pelleteuse

la excavadora

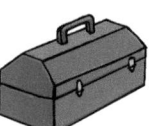

la boîte à outils

la caja de herramientas

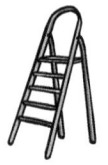

l'échelle

la escalera de mano

la scie

la sierra

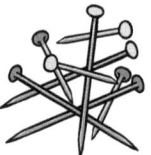

les clous

los clavos

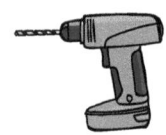

la perceuse

el taladro

réparer

reparar

la pelle

la pala

Mince !

¡Maldita sea!

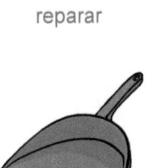

la pelle

el recogedor

le pot de peinture

el bote de pintura

les vis

los tornillos

les instruments de musique
los instrumentos musicales

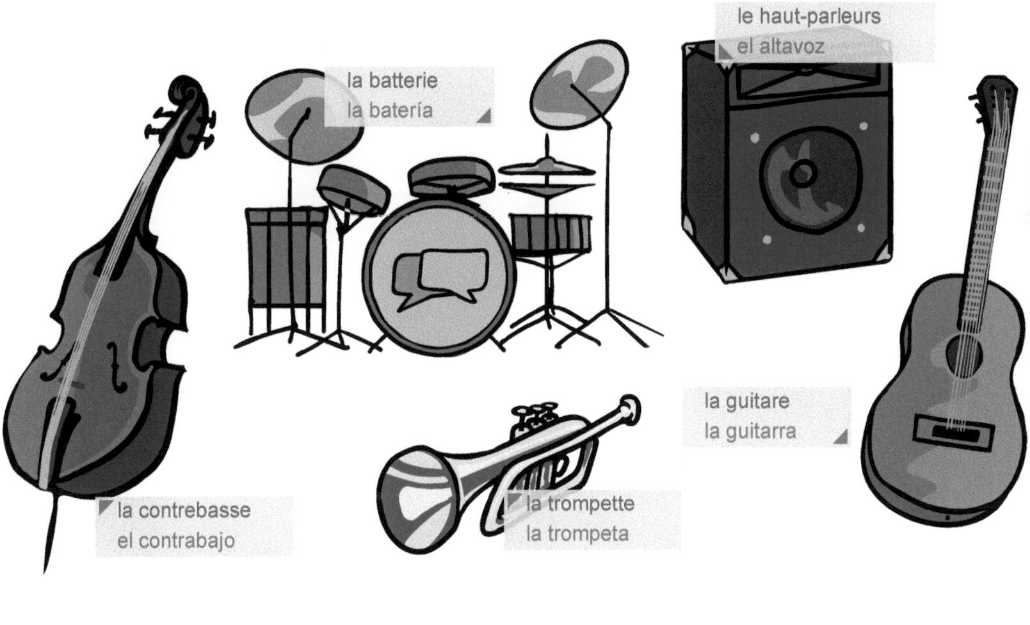

le haut-parleurs
el altavoz

la batterie
la batería

la contrebasse
el contrabajo

la trompette
la trompeta

la guitare
la guitarra

le piano

el piano

le violon

el violín

la basse

bajo

les timbales

los timbales

le tambour

el tambor

le piano électrique

el teclado

le saxophone

el saxofón

la flûte

la flauta

le microphone

el micrófono

le zoo

el zoo

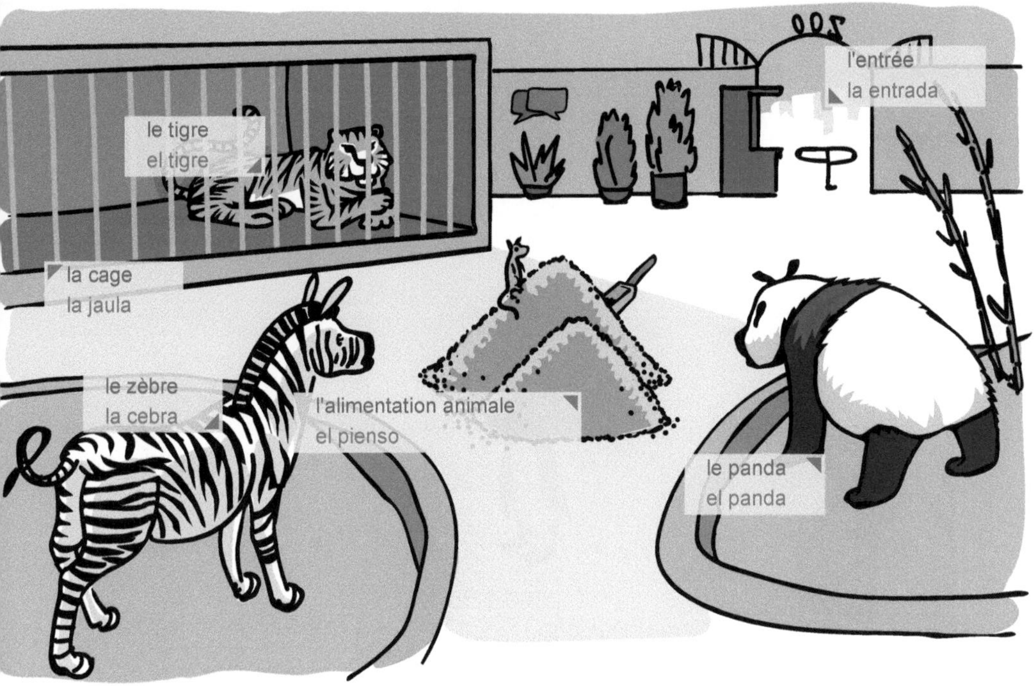

le tigre
el tigre
l'entrée
la entrada
la cage
la jaula
le zèbre
la cebra
l'alimentation animale
el pienso
le panda
el panda

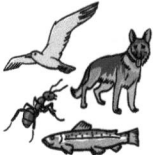

les animaux

los animales

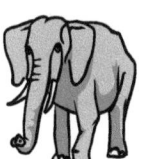

l'éléphant

el elefante

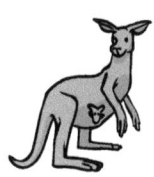

le kangourou

el canguro

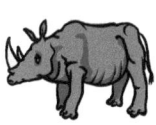

le rhinocéros

el rinoceronte

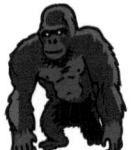

le gorille

el gorila

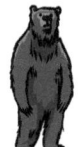

l'ours

el oso

le chameau
el camello

l'autruche
el avestruz

le lion
el león

le singe
el mono

le flamand rose
el flamingo

le perroquet
el loro

l'ours polaire
el oso polar

le pingouin
el pingüino

le requin
el tiburón

le paon
el pavo real

le serpent
la serpiente

le crocodile
el cocodrilo

le gardien de zoo
el guardián de zoológico

le phoque
la foca

le jaguar
el jaguar

le poney

el poni

le léopard

el leopardo

l'hippopotame

el hipopótamo

la girafe

la jirafa

l'aigle

el águila

le sanglier

el jabalí

le poisson

el pescado

la tortue

la tortuga

le morse

la morsa

le renard

el zorro

la gazelle

la gacela

l'american Football
el fútbol americano

le cyclisme
el ciclismo

le tennis
el tenis

le basket-ball
el baloncesto

la natation
la natación

la boxe
el boxeo

le hockey sur glace
el hockey sobre hielo

le football
el fútbol

le badminton
el bádminton

l'athlétisme
el atletismo

le handball
el balonmano

le ski
el esquí

le polo
el polo

les activités
las actividades

rire
reír
sauter
saltar
embrasser
abrazar
marcher
caminar
chanter
cantar
rêver
soñar
prier
rezar
faire la bise
besar

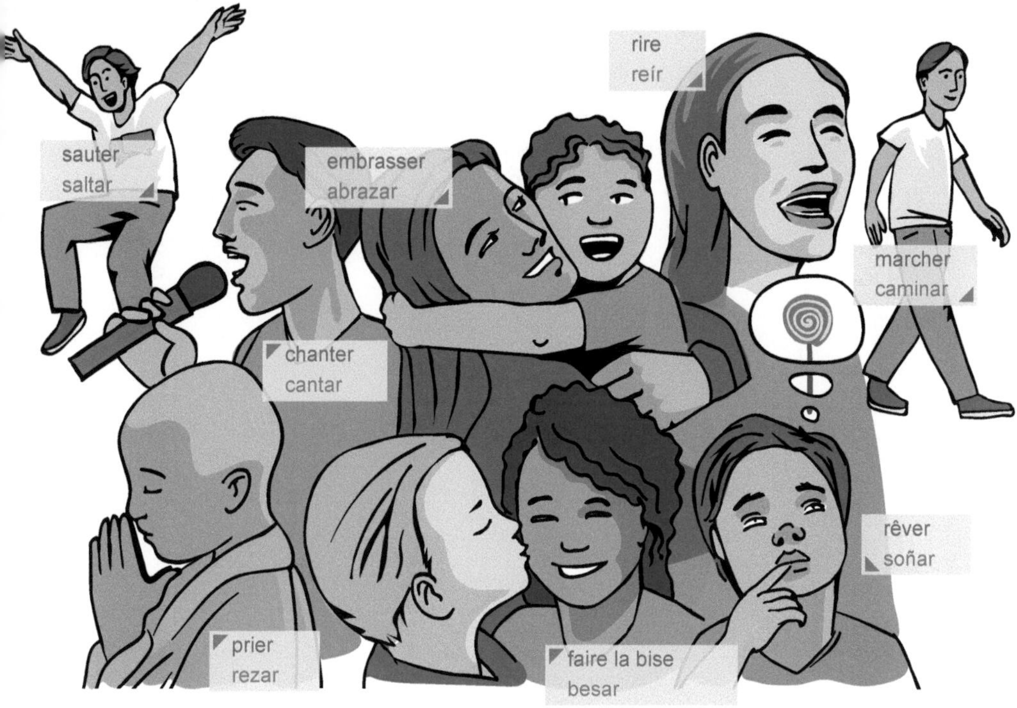

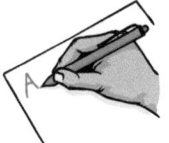

écrire

escribir

dessiner

dibujar

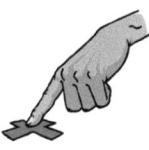

montrer

mostrar

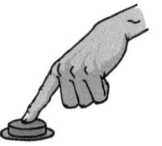

pousser

empujar

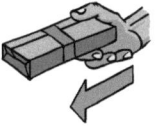

donner

dar

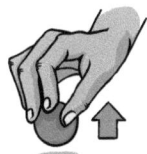

prendre

tomar

avoir
tener

faire
hacer

être
ser

être debout
estar de pie

courir
correr

trier
tirar

jeter
tirar

tomber
caer

être couché
yacer

attendre
esperar

porter
llevar

être assis
estar sentado

s'habiller
vestirse

dormir
dormir

se réveiller
despertar

regarder

mirar

pleurer

llorar

caresser

acariciar

peigner

peinar

parler

hablar

comprendre

entender

demander

preguntar

écouter

escuchar

boire

beber

manger

comer

ranger

ordenar

aimer

amar

cuire

cocinar

conduire

conducir

voler

volar

faire de la voile

navegar

calculer

calcular

lire

leer

apprendre

aprender

travailler

trabajar

se marier

casarse

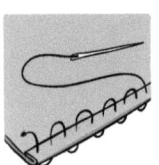

coudre

coser

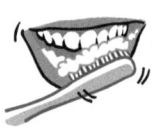

brosser les dents

cepillarse los dientes

tuer

matar

fumer

fumar

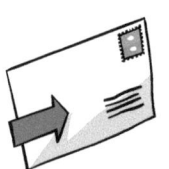

envoyer

enviar

la famille
la familia

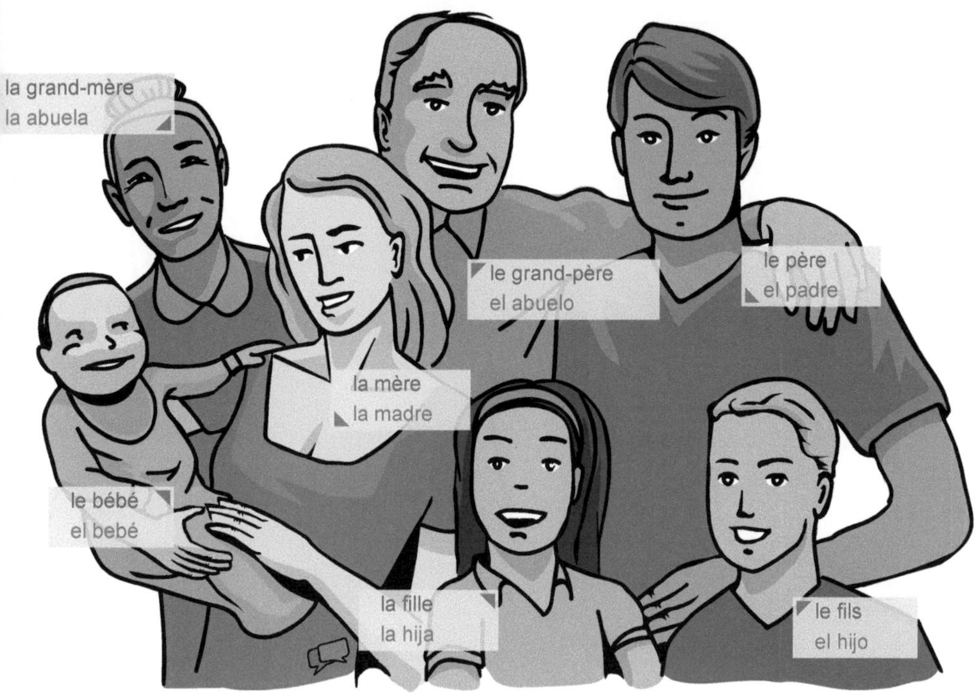

la grand-mère
la abuela
le grand-père
el abuelo
le père
el padre
la mère
la madre
le bébé
el bebé
la fille
la hija
le fils
el hijo

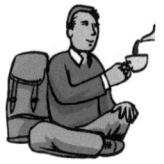

l'hôte
el invitado

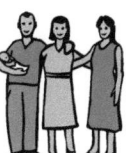

la tante
la tía

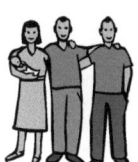

l'oncle
el tío

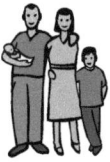

le frère
el hermano

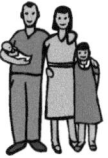

la sœur
la hermana

le corps
el cuerpo

le front
la frente
l'œil
el ojo
l'épaule
el hombro
le doigt
el dedo
le visage
la cara
le menton
la barbilla
la main
la mano
la poitrine
el pecho
la jambe
la pierna
le bras
el brazo

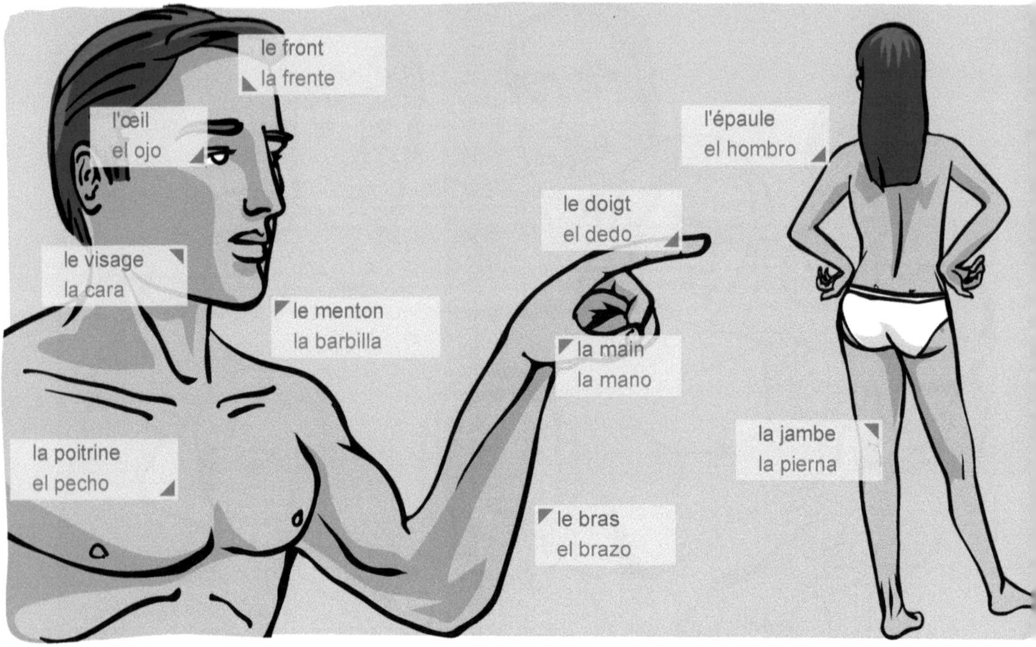

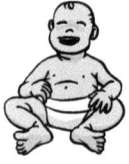

le bébé
el bebé

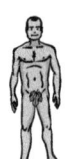

l'homme
el hombre

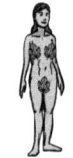

la femme
la mujer

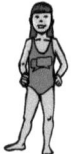

la fille
la chica

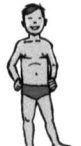

le garçon
el chico

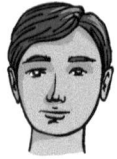

la tête
la cabeza

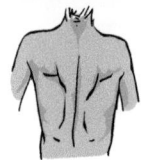

le dos

la espalda

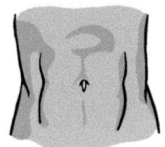

le ventre

el vientre

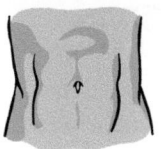

le nombril

el ombligo

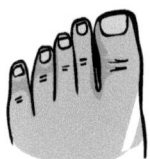

l'orteil

el dedo del pie

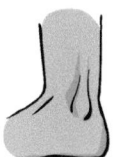

le talon

el talón

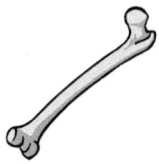

l'os

el hueso

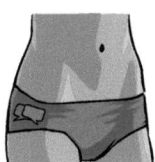

la hanche

la cadera

le genou

la rodilla

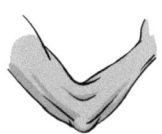

le coude

el codo

le nez

la nariz

les fesses

el trasero

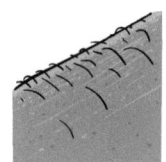

la peau

la piel

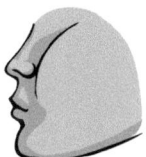

la joue

la mejilla

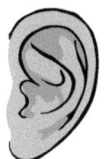

l'oreille

el oído

la lèvre

el labio

la bouche
la boca

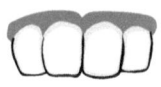

la dent
el diente

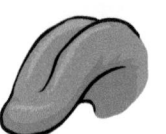

la langue
la lengua

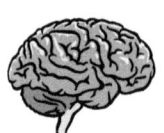

le cerveau
el cerebro

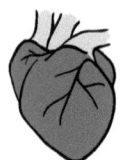

le cœur
el corazón

le muscle
el músculo

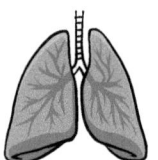

les poumons
el pulmón

le foie
el hígado

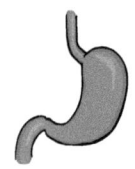

l'estomac
el estómago

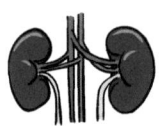

les reins
los riñones

le rapport sexuel
el sexo

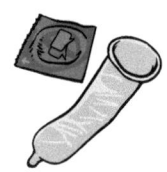

le préservatif
el condón

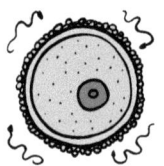

l'ovule
el ovario

le sperme
el semen

la grossesse
el embarazo

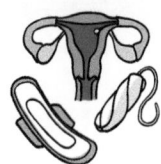

la menstruation

la menstruación

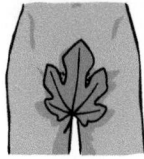

le vagin

la vagina

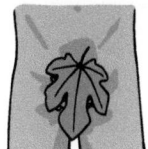

le pénis

el pene

le sourcil

la ceja

les cheveux

el pelo

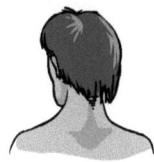

le cou

el cuello

l'hôpital
el hospital

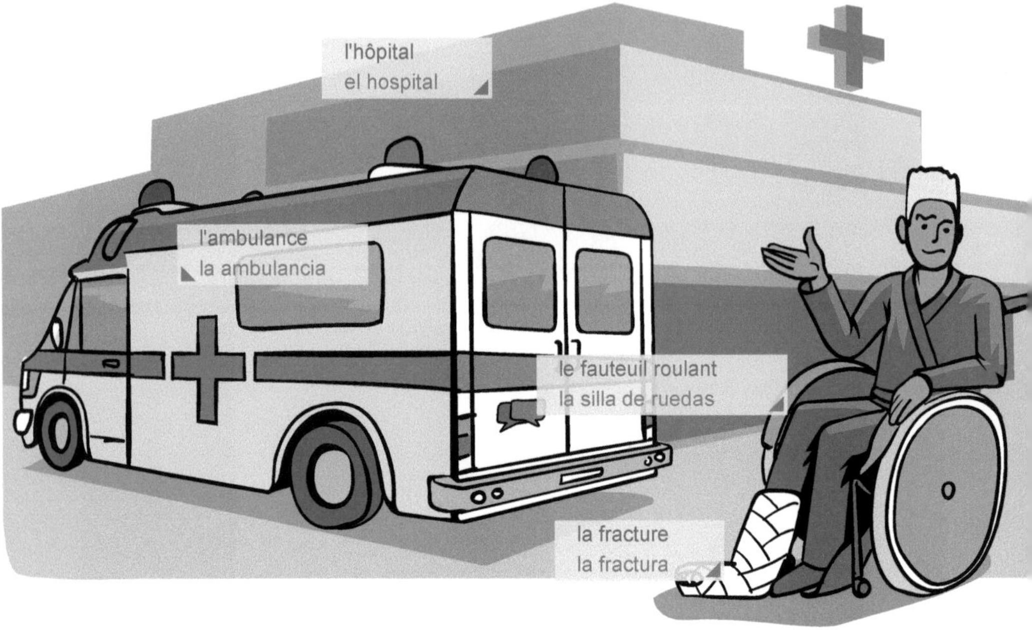

l'hôpital
el hospital
l'ambulance
la ambulancia
le fauteuil roulant
la silla de ruedas
la fracture
la fractura

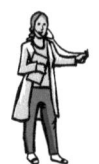

le médecin

el médico

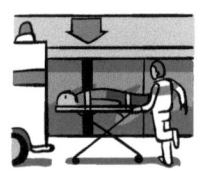

le service des urgences

la sala de urgencias

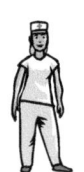

l'infirmière

la enfermera

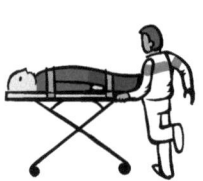

l'urgence

la urgencia

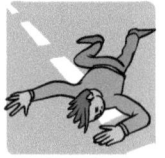

inconscient

inconsciente

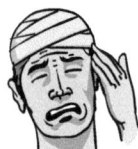

la douleur

el dolor

la blessure

la lesión

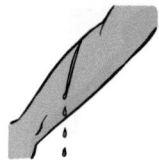

l'hémorragie

la hemorragia

la crise cardiaque

el infarto

l'attaque cérébrale

el ictus

l'allergie

la alergia

la toux

la tos

la fièvre

la fiebre

la grippe

la gripe

la diarrhée

la diarrea

le mal de tête

el dolor de cabeza

le cancer

el cáncer

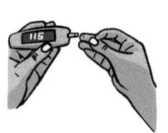

le diabète

la diabetes

le chirurgien

el cirujano

le scalpel

el bisturí

l'opération

la operación

le CT

TAC

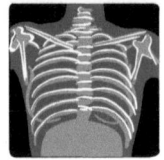

la radiographie

los rayos x

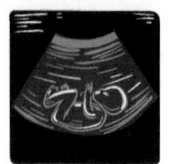

l'échographie

el ultrasonido

le masque

la mascarilla

la maladie

la enfermedad

la salle d'attente

la sala de espera

la béquille

la muleta

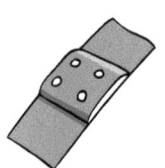

le pansement

la tirita

le pansement

la venda

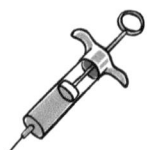

l'injection

la inyección

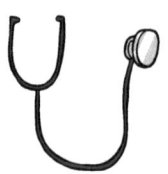

le stéthoscope

el estetoscopio

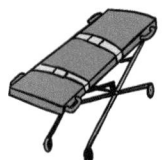

le brancard

la camilla

le thermomètre

el termómetro

l'accouchement

el nacimiento

la surcharge pondérale

el sobrepeso

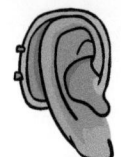

l'appareil auditif

el audífono

le désinfectant

el desinfectante

l'infection

la infección

le virus

el virus

le VIH / le sida

VIH / SIDA

le médicament

la medicina

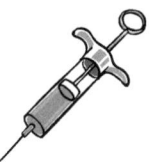

la vaccination

la vacunación

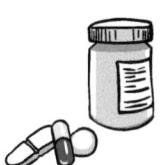

les comprimés

las tabletas

la pilule

la pastilla

l'appel d'urgence

la llamada de urgencia

le tensiomètre

el tensiómetro

malade / sain

enfermo / sano

Au secours !

¡Socorro!

l'alarme

la alarma

l'assaut

el asalto

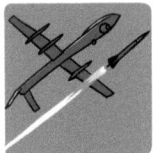

l'attaque

el ataque

le danger

el peligro

la sortie de secours

la salida de emergencia

Au feu!

¡Fuego!

l'extincteur

el extintor de incendios

l'accident

el accidente

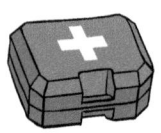

la trousse de premier
secours

el botiquín de primeros
auxilios

SOS

SOS

la police

la policía

l'Europe

Europa

l'Amérique du Nord

Norteamérica

l'Amérique du Sud

Sudamérica

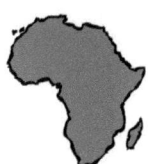

l'Afrique

África

l'Asie

Asia

l'Australie

Australia

l'Océan atlantique

el atlántico

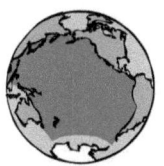

l'Océan pacifique

el Pacífico

l'Océan indien

el Océano Índico

l'Océan antarctique

el Océano Antártico

l'Océan arctique

el Océano Ártico

le Pôle nord

el polo norte

le Pôle sud

el polo sur

l'Antarctique

La Antártida

la terre

la tierra

le pays

la tierra

la mer

el mar

l'île

la isla

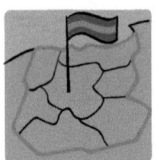

la nation

la nación

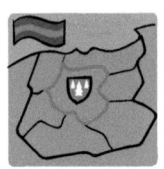

l'état

el estado

le cadran

la esfera

l'aiguille des heures

la manecilla de las horas

l'aiguille des minutes

el minutero

l'aiguille des secondes

el segundero

Quelle heure est-il ?

¿Qué hora es?

le jour

el día

le temps

el tiempo

maintenant

ahora

la montre digitale

el reloj digital

la minute

el minuto

l'heure

la hora

la semaine
la semana

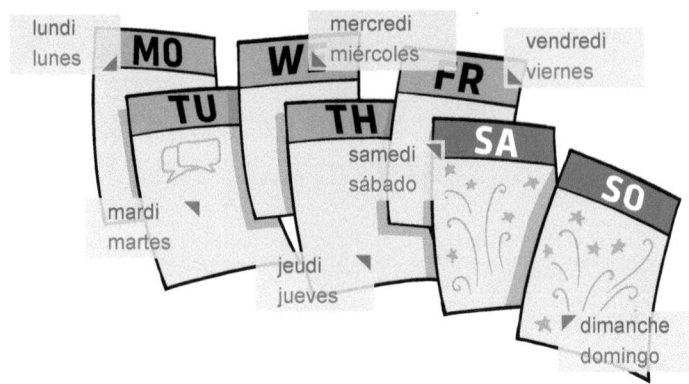

lundi / lunes — MO
mardi / martes — TU
mercredi / miércoles — W
jeudi / jueves — TH
vendredi / viernes — FR
samedi / sábado — SA
dimanche / domingo — SO

hier
ayer

aujourd'hui
hoy

demain
mañana

le matin
la mañana

le midi
el mediodía

le soir
la tarde

les jours ouvrables
los días laborables

le week-end
el fin de semana

l'année
el año

la pluie
la lluvia
l'arc-en-ciel
el arcoíris
la neige
la nieve
le vent
el viento
le printemps
la primavera
l'automne
el otoño
l'été
el verano
l'hiver
el invierno

4.APRIL 11°
5.APRIL 4°
6.APRIL 13°
7.APRIL 8°
8.APRIL 10°

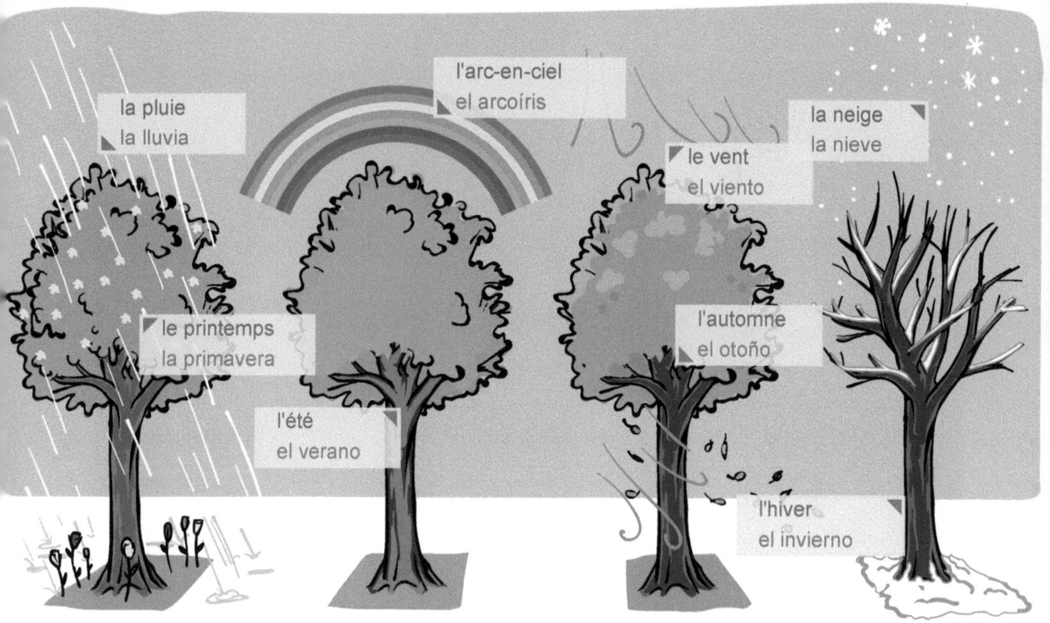

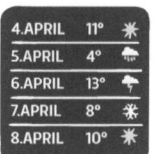

la météo

el pronóstico del tiempo

F C
120 90 60 30 0 -30
40 30 20 10 0 -10 -20

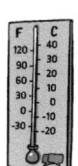

le thermomètre

el termómetro

la lumière du soleil

el sol

le nuage

la nube

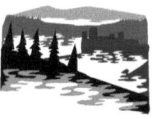

le brouillard

la niebla

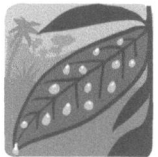

l'humidité

la humedad

la foudre

el rayo

la tonnerre

el trueno

la tempête

la tormenta

la grêle

el granizo

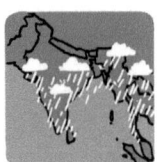

la mousson

el monzón

l'inondation

la inundación

la glace

el hielo

janvier

enero

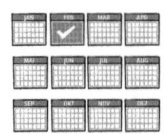

février

febrero

mars

marzo

avril

abril

mai

mayo

juin

junio

juillet

julio

août

agosto

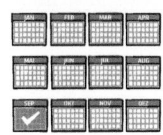

septembre
....
septiembre

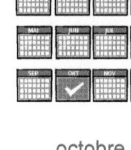

octobre
....
octubre

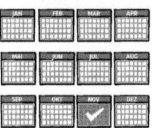

novembre
....
noviembre

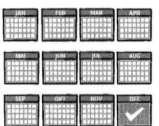

décembre
....
diciembre

les formes
las formas

le cercle
....
el círculo

le carré
....
el cuadrado

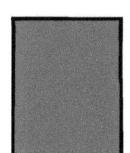

le rectangle
....
el rectángulo

le triangle
....
el triángulo

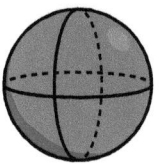

la sphère
....
la esfera

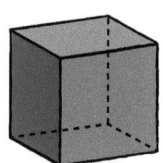

le cube
....
el cubo

blanc

blanco

jaune

amarillo

orange

anaranjado

rose

rosa

rouge

rojo

violet

morado

bleu

azul

vert

verde

marron

marrón

gris

gris

noir

negro

beaucoup / peu

mucho / poco

fâché / calme

enojado / tranquilo

joli / laid

bonito / feo

le début / la fin

principio / fin

grand / petit

grande / pequeño

clair / obscure

claro / oscuro

frère / soeur

el hermano / la hermana

propre / sale

limpio / sucio

complet / incomplet

completo / incompleto

le jour / la nuit

el día / la noche

mort / vivant

muerto / vivo

large / étroit

ancho / estrecho

comestible / incomestible

comestible / no comestible

méchant / gentil

malo / amable

excité / ennuyé

entusiasmado / aburrido

gros / mince

gordo / delgado

le premier / le dernier

primero / último

l'ami / l'ennemi

el amigo / el enemigo

plein / vide

lleno / vacío

dur / souple

duro / blando

lourd / léger

pesado / ligero

faim / soif

el hambre / la sed

malade / sain

enfermo / sano

illégal / légal

ilegal / legal

intelligent / stupide

inteligente / tonto

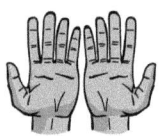

gauche / droite

izquierda / derecha

proche / loin

cerca / lejos

nouveau / usé

nuevo / usado

rien / quelque chose

nada / algo

vieux / jeune

viejo / joven

marche / arrêt

encendido / apagado

ouvert / fermé

abierto / cerrado

faible / fort

silencioso / ruidoso

riche / pauvre

rico / pobre

correct / incorrect

correcto / incorrecto

rugueux / lisse

áspero / suave

triste / heureux

triste / contento

court / long

corto / largo

lent / rapide

lento / rápido

mouillé / sec

húmedo / seco

chaud / froid

cálido / frío

la guerre / la paix

guerra / paz

0

zéro

cero

1

un / une

uno

2

deux

dos

3

trois

tres

4

quatre

cuatro

5

cinq

cinco

6

six

seis

7

sept

siete

8

huit

ocho

9

neuf

nueve

10

dix

diez

11

onze

once

12

douze

doce

13

treize

trece

14

quatorze

catorce

15

quinze

quince

16

seize

dieciséis

17

dix-sept

diecisiete

18

dix-huit

dieciocho

19

dix-neuf

diecinueve

20

vingt

veinte

100

cent

cien

1.000

mille

mil

1.000.000

le million

el millón

les nombres - los números

l'anglais

el inglés

l'anglais américain

el inglés americano

le chinois mandarin

el chino madarín

le hindi

el hindi

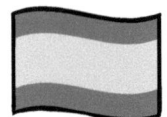

l'espagnol

el español

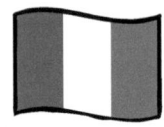

le français

el francés

l'arabe

el árabe

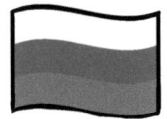

le russe

el ruso

le portugais

el portugués

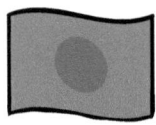

le bengali

el bengalí

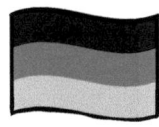

l'allemand

el alemán

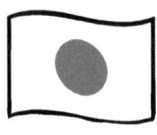

le japonais

el japonés

je

yo

tu

tú

il / elle / ce, c', cela

él / ella / ello

nous

nosotros/as

vous

vosotros/as

ils / elles

ellos/as

Qui ?

¿quién?

Quoi ?

¿qué?

Comment ?

¿cómo?

Où ?

¿dónde?

Quand ?

¿cuándo?

le nom

el nombre

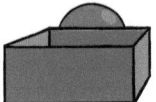

derrière

detrás

dans

en

devant

delante de

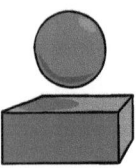

au-dessus

por encima de

sur

sobre

en-dessous

debajo de

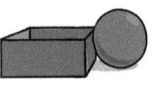

à côté de

junto a

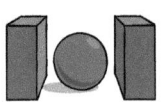

entre

entre

le lieu

el lugar